Carl Millöcker, Rudolf Genée

Text der Gesänge zu Der Bettelstudent

Komische Oper in drei Akten

Carl Millöcker, Rudolf Genée

Text der Gesänge zu Der Bettelstudent
Komische Oper in drei Akten

ISBN/EAN: 9783743699809

Hergestellt in Europa, USA, Kanada, Australien, Japan

Cover: Foto ©Thomas Meinert / pixelio.de

Weitere Bücher finden Sie auf **www.hansebooks.com**

Text der Gesänge

zu

„Der Bettelstudent"

Komische Oper in 3 Akten

von

F. Zell und Richard Genée.

Musik von C. Millöcker.

———→•○•←———

Eigentum des Verlegers.

———→≈←———

Verlag von Aug. Cranz G.m.b.H., Leipzig.
Brüssel, A. Cranz. London, Cranz & Co.
——— Nachdruck verboten. ———

Personen.

Palmatica, Gräfin Kowalska.

Laura,
Bronislava, } ihre Töchter.

Oberst Ollendorf, Gouverneur von Krakau.

Jan Janicki, | Studenten der jagellonischen Universität
Symon Symonowicz, | zu Krakau.

von Wangenheim, Major
von Henrici, Rittmeister
von Schweinitz, Lieutenant } in Oberst Ollendorf's sächsischem
von Rochow   Reiter=Regimente.
von Richthofen, Cornet

Graf Bogumil Malachowski, Palmatica's Vetter.

Eva, dessen Gemahlin.

Onuphrie, Leibeigener.

Rej, Wirt.

Enterich, Gefängniswärter.

Waclaw, ein Gefangener.

Der Bürgermeister von Krakau.

Ein Weib.

Edelleute und Edelfräulein, Bürger, Bürgersfrauen, Kauf=
leute aller Nationen, Meßbesucher, Bauern, Leibeigene, Hochzeits=
gäste, Pagen, Diener, Gefangene.

Ort der Handlung Krakau. Zeit 1704 unter der Regierung
Friedrich August II. (genannt der Starke) Königs von Polen,
Kurfürsten von Sachsen.

Erster Akt.

Chor der Frauen.

Ach, unsere Lieben
Sperrte man ein;
Wir armen Weiber
Steh'n nun allein;
Möchten die Teuren
Gern wiedersehn;
Was kann das schaden?
Laßt's doch geschehn!
Habt doch Erbarmen,
:,: Und, — muß es sein, — :,:
:,: Sperrt uns gleich Alle :,:
Lieber mit ein!
Eh' uns're Bitte
Ihr nicht gewährt,
Wird mit dem Jammern
Nicht aufgehört. Hu! hu!
(Immer stärker und dringender.)
:,: Wir bitten gar schön,
O laßt es geschehn
Wir bitten, wir bitten,
Wir bitten gar schön! :,:

Enterich (erzürnt auftretend).

Respekt und kein Skandal gemacht!
Ich rat' es Euch, nehmt Euch in Acht
Wer hier so schreit und skandaliert,
Wird gleich persönlich arretiert.

Die Frauen (lärmend).

Ach guter Meister Enterich,
Seid doch nicht solch' ein Wüterich,
Wir wollen uns're Männer sehn, —
O laßt es doch gescheh'n!

1*

Enterich.

Ich bin sonst gar keen Wütrich nich;
Doch solch' Spektakel schickt sich nich.
Ich fühle gleichfalls väterlich
Und brüderlich und schwesterlich
Und gegen Damen namentlich
Bin ich nicht unabänderlich;
Doch müßt ihr sanft erst bitten schön;
Dann wollen wir schon sehn.

Die Frauen
(sehr sanft, ihm schmeichelnd und die Wangen streichelnd)

Ach guter Meister Enterich,
Seid doch nicht solch' ein Wüterich!
Wir wollen uns're Männer sehn,
O laßt es doch geschehn!

Enterich (schmunzelnd und sich liebkosen lassend)

Seh ich auch oft recht grausam aus, —
Mein Herz ist nicht von Marmelsteine!
(zu Piffke und Puffke)
So laßt die Herrn Verbrecher 'raus,
Von Nummer Fünneve und Neine!
(Er reicht jedem einen Schlüssel, den er von seinem Bunde löst, worauf
Piffke und Puffke sich nach verschiedenen Seiten entfernen.)

Die Frauen (jubelnd).
Dank, Meister Enterich!

Enterich.
Halt, Ruhe, sage ich!
(Auf die Körbe und Päckchen deutend, die die Frauen bei sich haben.)

Die Frauen.
Dank, Meister Enterich!

Enterich.
Ruhe! Still!
Die Sachen, die ihr mitgebracht,
Die werden registriert
Und was dabei verdächtig scheint,
Wird dankend, wird dankend,
Wird dankend konfisziert.
:,: Laßt sehgen' :,:
Was Ihr bracht!
(Den ersten Korb untersuchend.)

I.

Für einen Mann zwei Flaschen Wein?
Das könnte schädlich sein!
(Steckt eine Flasche in die Tasche, weiter untersuchend.)
Die Näscherei, — Herr Jämersch, nä
Das macht ja Magenweh!
Wird gleich notiert und registriert
Und höflichst dankend konfisziert!

Die Frauen.

Wird gleich notiert und registriert
Und höflichst dankend konfisziert!

II.

Enterich.

Geeignet scheint mir dieses Tuch
Zu einem Fluchtversuch.
(Steckt es ein, zur Sechsten.)
Die Socken? Hm, — die sind sehr schön
Ganz leise durchzugehn! *(Steckt sie ein.)*
Wird gleich notiert und registriert
Und höflichst dankend konfisziert!

Die Frauen *(murrend).*

Pfui, das ist niederträchtig!
Daß hier so was passiert,
Was wir unsern Männern bringen,
Wird von Euch annektiert!
Wird gleich notiert usw. *(wie oben.)*

Enterich.

Ihr Weiblein hübsch bedächtig,
Nur nicht gleich raisonniert!
Ich hab' es Euch gesagt,
Alles was nur verdächtig
Wird gleich notiert und registriert
Und höflichst dankend konfisziert!

(Während die gefangenen Männer von beiden Seiten auftreten, die Frauen umarmen, macht er sich mit Piffke und Puffke daran, die konfiszierten Speisen zu verzehren, den Wein zu trinken usw.)

Frauen.

Seht, dort kommen uns're Männer!

Chor der Männer und Frauen.

Frohes Wiedersehen!
Glücklicher Moment!

Endlich schlägt die Stunde,
Wo man Luft $\frac{uns}{Euch}$ gönnt!

Die Frauen.
Sehet hier, wir brachten
Speis' und Trank!

Die Männer.
Ach, schon lang' wir schmachten,
Habet Dank!
O habet Dank, habt Dank!

Enterich, Piffke, Puffke.
Hat man gut zu trinken,
Hat man gut zu essen,
Kann man allen Aerger schon vergessen,
Greift nur immer zu
Und schenket fleißig ein
Von jenem süßen konfiszierten Wein!

Zusammen.
Frohes Wiedersehen!
Glücklicher Moment!
Endlich schlug die Stunde,
Wo man Luft $\frac{uns}{Euch}$ gönnt.

(Alle mit Enterich, Piffke, Puffke.)

Beim Trinken, Essen
Fliehet der Verdruß.
:,: Man kann vergessen,
Daß man brummen muß.
Und kurze Zeit Vergessenheit
Gibt wieder Trost für langes Leid, :,:
:,: Dem flücht'gen Glück,
Dem Augenblick
Sei dieses Glas geweiht! :,:

Nr. 2. Entréelied.
Ollendorf.
I.
Und da soll man noch galant sein,
Gegen schöneres Geschlecht,
Katzenbuckeln und charmant sein,
Spielen den ergeb'nen Knecht!

Einen Helden, den in Polen
Wie in Sachsen Jeder kennt;
Den Volhynien und Podolien
Nur mit höchster Achtung nennt;
Der am Pruth und an der Weichsel,
An der Elbe Sieg errang,
Der bei Grodno, Bautzen, Wurzen
Alle Feinde niederzwang;
Dem noch jeder Streich gelungen,
Und der stets nur Sieg errungen.
Diesen Helden, nie geschlagen,
Überall hoch verehrt,
Durst ein Weib zu schlagen wagen,
Der Gedanke mich empört.
Die Erinn'rung macht mich beben,
Mich so tätlich zu insultieren,
Doch soll sie etwas von mir erleben,
Meine Rache spüren!
War es denn eigentlich
Gar so fürchterlich?
Warum, ich so schwer gebüßt?
Ach, ich hab' sie ja nur
Auf die Schulter geküßt!
(sich die Wange haltend) Hier hab' ich den Patsch verspürt
Mit dem Fächer in's Gesicht, —
(gesprochen) Alle Himmelmillionen Donnerwetter,
                              heiliges Kanonenrohr!
(Gesang) Mir ist manches schon passiert,
Aber so etwas noch nicht!

II.

Diese bettelstolze Dame
War beleidigt durch den Kuß,
Während das doch nur Reklame
Ihren Reizen machen muß!
Wenn man sonst mich insultierte,
Rächt' ich's immer blutig schnell;
Arm' und Beine amputierte
Ich wohl zwanzig im Duell.
Ha, ich wüte, schäume, rase,
Dürste nach Satisfaktion.

Und ich schwör's bei dieser Nase.
Sie bekommt noch ihren Lohn.
Mit 'nem Weib mich duellieren,
Geht nicht gut, doch soll sie's spüren;
Die Blamage zu verschmerzen
Ich zu lächeln mich zwang,
Doch es kochte Wut im Herzen
Und das Lächeln, es mißlang.
Jammervolle Grimassen schnitt ich,
Nicht zu zeigen, wie mir zu Mut.
Nahm es spaßhaft zwar, doch im Innern litt ich,
Na — war gar nicht gut.
Und 's ist, wenn den Grund man hört,
Nicht der Rede wert,
Was ihr widerfahren ist.
Ach, ich hab' sie ja nur
Auf die Schulter geküßt.
Schauderhaft bin ich blamiert,
Alle Welt heut' davon spricht!
(Fluch.)
Mir ist Manches schon passiert,
Aber so etwas noch nicht!

Nr. 3. **Auftritts-Duo.**

Symon. Jan.

Symon.
Die Welt hat das genialste Streben
So miserabel stets gelohnt.

Jan.
Wer immer Pech gehabt im Leben,
Wird endlich die Geschicht' gewohnt.

Symon.
Mein Geld das bracht' ich durch auf's Beste.

Jan.
Ich ließ die Gläubiger im Stich!

Symon.
Verloren hab' ich Rock und Weste!

Jan.
Verloren hab' manch' Liebchen ich!
Ich ließ die Gläubiger im Stich!

Symon.
Verloren hab' mein Liebchen ich.
Beide.
Doch Eines ich noch nicht verlor:
Den Humor, den Humor!
Und bleibt mir der Humor nur treu,
Ist Alles Spielerei! :,:
Ob Plackerei
Mit Flegelei,
Ob Frömmelei,
Verräterei,
Ob Gaunerei,
Ob Gaukelei,
Ob Quälerei
Der Polizei!
Ob Prahlerei,
Windbeutelei,
Ob Schwärmerei,
Ob Rauferei,.
Aus solchem Chaos bricht der Humor
Dann siegreich hervor;
Wie lichter Sonne Strahl bricht hervor
Der Götterhumor!
Drum einerlei
Wo immer es sei,
Wo immer es sei,
Bleibt nur Humor uns treu
So sind wir stets dabei!
Ollendorf und die Offiziere.
Es blickt aus diesem Paar stets hervor,
Es blickt stets hervor,
Wie lichter Sonne Strahl bricht hervor
Der Götterhumor!
Drum einerlei
:,: Wie's immer auch sei, :,:
Zur Gaukelei
Sind brauchbar diese Zwei!

I.

Jan.

Am Spieltisch prüfte ich das Schicksal
Mit mancher Hand voll Louisdor's; —

Fortuna kehrte mir den Rücken
Und jeden Einsatz ich verlor!

Symon.

Bin von Geburt ein armer Teufel, —
Daran sind meine Ahnen Schuld;
Ich hatt' zwar wenig zu verlieren,
Verlor doch oft schon die Geduld!

Jan.

Fortuna ist an Allem Schuld!

Symon.

Zuletzt verliert man die Geduld!

Beide.

Doch Eines ich noch nicht verlor, —
Den Humor, den Humor!
Und bleibt mir der Humor nur treu,
Ist Alles Spielerei.

II.

Jan.

Für Freiheit hab' ich stets gestritten,
Bekämpft die Dummheit und den Zopf,
Dabei verlor ich Rang und Stellung,
Verlor zuweilen auch den Kopf!

Symon.

Ich suchte Glück einst in der Liebe
Und warb um einer Schönen Hand,
Doch da verlor ich meine Zeit nur,
Verlor beinahe den Verstand!

Jan.

Ich knüpfte manches zarte Band!

Symon.

Dabei verliert man den Verstand!

Beide.

Doch eines ich noch nicht verlor:
Den Humor, den Humor!
Und bleibt mir der Humor nur treu,
Ist Alles Spielerei!
Ob Plackerei
Mit Flegelei,
Mit Frömmelei,
Verräterei,

Ob Gaunerei,
Ob Gaukelei,
Ob Quälerei
Mit Polizei, —
Aus solchem Chaos bricht Humor
Wie lichter Sonne Strahl hervor.
Drum einerlei,
Wo's immer sei —
Mit Humor bin ich dabei!

Ollendorf und Konsorten.

Für uns sind brauchbar diese Zwei.
Die Kerle scheinen sorgenfrei,
Obwohl sie vogelfrei.
Ob Prahlerei,
Großtuerei,
Windbeutelei
Und Schwärmerei
Und Rauferei,
Mit Polizei
Wohl auch dabei,
Ist einerlei!
Ein unverwüstlicher Humor
Blickt immer noch daraus hervor!
Drum einerlei,
Zur Gaukelei
Sind brauchbar diese Zwei!

Schluß des Bildes Nr. 3a.

Symon.

So leb' denn wohl, du enge Zelle,
Die allzu oft geärgert mich!
Zu Höher'm hat man mich erkoren,
Das ahnte ja schon lange ich!

Jan (für sich).

Untätig mußt' ich Zeit verlieren;
Gehör' dem Vaterland nun ganz!

Symon (sich umschauend).

Bei miserabelster Verpflegung
Verlor ich meine Eleganz!

Jan.

Viel Zeit ging mir verloren ganz.

Symon.

Mir ging verlor'n die Eleganz.

Beide.

Doch Eines ich noch nicht verlor!
Den Humor, den Humor!
Und bleibt mir der Humor nur treu,
Ist Alles Spielerei!
Ob Plackerei
Mit Flegelei usw. usw.

Ollendorf und Konsorten.

Für uns sind brauchbar diese Zwei,
Die Kerle scheinen sorgenfrei,
Obwohl sie vogelfrei.
Ob Prahlerei,
Großtuerei,
usw. usw.

Ende des ersten Bildes.

Nr. 4. Chor, Ensemble.

Chor.

Juchheißa hurrah,
Die Messe beginnt;
Die herrliche Zeit,
Wo Jeder gewinnt,
Juchheißa, hurrah,
Die Messe ist da,
Die Stunden der Freude sind nah,
Zu sehen gibt's heut' Allerlei,
Auch viel Spaß ist dabei,
Komödie, Hanswurst, Reiterei,
Andere Schnurrpfeiferei,
Zu finden ist hier auch
Für's Geld mancherlei:
Das Anschauen hat
Man noch gratis dabei.
Bald kommt auch der Rat
In vollem Ornat
Der hohe Senat.

Die Väter der Stadt. —
Herbei nur geschwind,
Die Messe beginnt,
Wo jeder sich freut,
Wo alles gewinnt!
Juchheißa, hurrah,
Die Messa ist da!
Die Stunden der Freude sind nah!

4 polnische Juden.

(In National-Kaften. Jeder einen ledernen Geldbeutel in der Hand.)

Kling, kling, kling, — Dukaten klinget,
Gülden Lohn uns bringet, springet, —
Klinget, springet, mehret euch, —
Macht uns arme Juden reich!
Wo Handel und Wandel erblüt,
Da fehlet gewiß nicht der Jüd,
Der gerne sich emsig bemüht,
Für allergeringsten Profit!
Kling, kling, kling, — Dukaten klinget,
Gülden Lohn uns bringet, springet, —
Klinget, springet, mehret euch,
Macht uns arme Juden reich!

Chor (in den Hintergrund deutend).

Da kommt schon der Rat,
Die Väter der Stadt,
Herbei nur geschwind,
Die Messe beginnt,
Wo Jeder sich freut,
Wo Alles gewinnt.

(Glockenläuten, Marsch. Feierlicher Aufzug, wie er im Buche beschrieben ist. Wenn der Bürgermeister an der bezeichneten Stelle angelangt, spricht er unter Pianissimo des Orchesters: „Ich erkläre die Frühjahrsmesse des Jahres im Herrn 1704 der königlichen Freistadt Krakau für eröffnet." Tusch, Vivat. Glockenläuten auf dem Platze selbst.)

Chor.

Juchheißa, hurrah,
Die Messe ist da,
Die Stunden der Freude sind nah!

Nr. 5. Auftritts-Terzett.

Palmatica, Laura, Bronislava.

Alle drei.

Einkäufe machen
Sollten wir eigentlich;

Recht hübsche Sachen
Wären hier sicherlich.
Wenn unsre Mittel
Auch nicht erlauben das,
Müssen die Leute
Immer doch glauben das;
Kaufen zwar irgendwo,
Aber wir tun doch so.
Sagen hier: „Ah“,
Rufen dort: „Oh“,
Zucken die Achseln verächtlich, so, so,
Hm! Ah, Oh, so!

I.

Palmatica (großartig).

Wenn man, wie wir, so hoch geboren,
Zerreißt das ordinäre Schrei'n
Die fein organisierten Ohren;
Mon dieu, wie klingt das doch gemein!

Laura.

Der Duft von diesem Pack
Ist gar nicht mein Geschmack,
Beleidigt mein Gefühl,
Ich hasse die Crapule!

Bronislava.

Schon spür' ich Appetit,
Das sag' ich ungeniert,
Ich glaub' wir haben heut'
Noch gar nicht déjeunirt!

Palmatica (in hochtrabendem Tone fortfahrend).

Den Hunger spürt nur die Canaille
Und nur der Pöbel ißt sich satt;
Der wahre Adel hält auf Taille, —
(Mit einem Blick auf sich selbst.)
Natürlich, wenn er eine hat!

Alle drei.

Einkäufe machen
Sollten wir eigentlich.

Palmatica.

Der noble Name, den wir tragen,
Nicht in Jahrhunderten verblich.
Mit edlem Stolz darf ich es sagen:
Er ist — viel älter noch — als ich!

Bronislava.

Ein nobler Name ist
Recht ehrenvoll und schön,
Doch schlägt noch warm dies Herz,
Möcht' gern geliebt sich seh'n.

Laura.

Verschenk' einst ich mein Herz,
So nimmt es höher'n Flug?
Von diesen Lumpen hier
Ist keiner gut genug!

Palmatica.

So oft ich in den Saal noch blickte,
Wo Ahnenbild an Bild sich drängt,
Stets der Gedanke mich entzückte:
So werd' auch ich einst — aufgehängt!

Alle drei.

Einkäufe machen
Sollten wir eigentlich.
usw. usw.

Nr. 6. Ensemble und Lied.

Ollendorf.

Das ist der Fürst Wibicki
Mit seinem Sekretär.
Er ist, wie man versichert,
Zehnfacher Millionär,
Vielleicht noch etwas mehr.

Palmatica, Laura, Bronislava, Bogumil, Eva, Ollendorf, Wangerhof, Henrici, Schweinitz, Richthofen.

Da kommt der Fürst Wibicki
Mit seinem Sekretär.

Palmatica.

Der Mann mir sehr gefällt.

Ollendorf (den Damen zuflüsternd).

Ist zehn Millionen schwer,
Vielleicht noch etwas mehr.

Palmatica.

Das scheint mir kein Malheur!

Bronislava (für sich).

Der schmucke Sekretär
Gefällt mir fast noch mehr.

Ollendorf (Symon entgegentretend).
(Laut.)

Hierher, mein Fürst, hierher!
(Leise auf Laura deutend.)
Das ist sie, — schau'n Sie her!

Symon (leise).

:,: Famos, :,: parole d'honneur.

Ollendorf (laut vorstellend).

Es ist der Fürst Wibicki
Mit seinem Sekretär,
Den ich hier vorzustellen
Mir nehme jetzt die Ehr!
(Auf die Damen deutend.)
Die Gräfinnen Kowolska!

Symon (verbeugend).

Es ist mir eine Ehr!
Ich bin der Fürst Wibicki
Und dies mein Sekretär!

Jan.

Dies ist der Fürst Wibicki
Und ich sein Sekretär!

Palmatica, Laura, Bronislava, Bogumil, Eva
(mit Bewegungen).

Es ist uns eine Ehr!
(Während die Vorstellung pantomimisch fortgeführt wird.)

**Ollendorf, Wangenheim, Henrici, Schweinitz,
Richthofen** (auf einer Seite unter sich.)

Das Spiel begann;
Bald ist's getan,

Es reift der Racheplan,
Sie beißt schon an,
Es rückt heran;
Scheint ganz der rechte Mann!

Palmatica.

Lieber Fürst, Sie müssen schon entschuldigen,
Daß wir nicht in grand toilette hier,
Wie sich's schickt zum Empfang
Vor solch' illustrem Kavalier.

Symon.

Ach, Gräfin, braucht es Sammt und Seid',
Schönheit strahlt auch im einfachsten Kleid.

Ollendorf und Genossen.

Famos,
Das Spiel begann usw.

Ollendorf (leise zu Symon).

Mach nur, daß sie Dich liebt·
Ich steh' für alles ein.
Daß sie den Trug vergibt,
Laß' meine Sorge sein!
D'rum Mut, —
Spiele gut!

Symon
(unverschämt und sich hauptsächlich an Laura wendend).

Ja meine Damen, wir gestehn, —
— Ich und mein Sekretär
Wir suchten lang umher, —
Das Schönste wollten wir erspähn:
Zu Land und auf dem Meer;
Nun suchen wir's nicht mehr!

Jan (gegen Bronislava gewendet).

Gefesselt ist man hier allein!

Die Damen (jede für sich).

Man kann nicht liebenswürd'ger sein!

Ensemble.

Ollendorf und Genossen.

Sie beißt schon an:
Es rückt heran;
Scheint ganz der rechte Mann!

Palmatica, Laura, Bogumil, Eva.
Der Goldfasan,
Das wär' ein Mann,
Wie man ihn wünschen kann!

Bronislava.
Der junge Mann
Mein Herz gewann;
Das wäre mein Galan.

Symon, Jan.
Nur drauf und dran!
Was liegt daran,
Wir stehn auf dem Vulkan!

Symon.
Wir trieben wohl Geographie,
Psychologie, Ethnographie!

Alle.
Welch eine Phantasie!

Symon.
O, hören Sie erst wie!

Symon (mit Aplomb).

I.

Ich knüpfte manche zarte Bande,
Studierte die Pariserin,
Die schönsten Frau'n im Sachsenlande,
In Deutschland, Ungarn und in Wien!
Ich kenn der Frauen Reiz im Süden,
Neapel, Rom, Florenz, Madrid,
Drang auch bis zu den Pyramiden,
Nahm Afrika zum Teil noch mit;
Hab' an des Ganges Strand gesessen
Und tauschte dort gar manchen Kuß;
Ich liebelte bei den Tscherkessen
Mit schönen Frau'n des Kaukasus.
Noch schöner schien mir die Kreolin,
Doch all die Schönheit schnell erbleicht,
Wenn man dagegen hält die Polin, —
Der Polin Reiz bleibt unerreicht!

Symon, Jan.
Ja, Venus selbst die Segel streicht,
Der Polin Reiz bleibt unerreicht.

Palmatica, Laura.

Prinzessin $\frac{\text{wird sie}}{\text{werd' ich}}$ noch vielleicht,
Dann ist mein höchstes Ziel erreicht!

Ollendorf und Genossen.

Er fügt sich in die Rolle leicht
Und bald ist unser Ziel erreicht!

Bronislava, Eva, Bogumil.

Prinzessin wird sie noch vielleicht,
Dann ist ihr höchstes Ziel erreicht!

Symon.

II.

Die Polin hat von allen Reizen
Die exquisitesten vereint;
Womit die andern einzeln geizen,
Bei ihr als ein Bouquet erscheint.
Die Nase hat sie griechisch, römisch,
Glutaugen von der Spanierin,
Der üpp'ge Mund ist slavisch, böhmisch,
Und lieblich wienerisch das Kinn.
Von der Pariserin das Füßchen
Und von der Brittin die Figur,
Von allem Reizenden ein Bißchen,
Doch immer grad das Beste nur.
Sie borgt sogar von der Mongolin
Etwas Pikanterie vielleicht, —
Und grade dadurch wird die Polin
Von keinem andern Weib erreicht!

(Ensemble wie vorher.)

Nr. 7. Finale Imo.

Palmatica.

Du bist die Seine,
Er ist der Deine.
Ist es wahr? Versteh' ich recht?!

Laura.

Ich bin die Seine!

Symon.

Sie die Meine!

2*

Bronislava.

Wie? so rasch?

Ollendorf.

Das geht nicht schlecht!
Er ist der Ihre,
Ich gratuliere?
Also einig schon das Paar?

Die Offiziere.

Wie? Schon die Ihre?

Symon.

Ja, ich marschiere
Gern im Sturmschritt, das ist wahr!

Laura.

Ja, die Seine!

Palmatica, Bronislava, Eva, Bogumil.

Er ist der Deine!

Alle.

Er schon der Ihre,
Ich gratuliere!

Symon.

Sie ist die Meine!

Jan.

Wie? Schon die Deine?

Palmatica.

Ich stolziere!
Gratuliere!

Symon.

Ich der Ihre
Deklariere,
Wir sind einig ganz und gar!

Ollendorf.

:,: Laßt beim Weine
Im Vereine
Leben hoch das junge Paar! :,:

Alle.

Er ist der Ihre,
Gratuliere,
Überraschend ist's fürwahr!

Laßt beim Weine
Im Vereine
Leben hoch das junge Paar!

Laura.

Er ist der Meine,
Ich bin die Seine,
Ganz überraschend kam's fürwahr!
Er ist der Meine,
Und im Vereine
Bringt alles frohe Wünsche dar!

Bronislava. Palmatica. Eva. Jan.

Bogumil.

Er ist der Deine,
Du bist die Seine,
Ganz überraschend kam's fürwahr!
Sie ist die Seine,
Und im Vereine
Bringt alles frohe Wünsche dar!

Ollendorf und Offiziere

Sie wird die Seine,
Sie traut dem Scheine!
So wär' gelungen uns schon das Eine;
Ja, es ist klar,
Sie sind ein Paar,
Das ging sehr schnell fürwahr!

Rej.

Ich serviere.
Aufzuwarten,
Vor der Türe —
Auch im Garten,
Wo den Damen es gefällt

Ollendorf.

Das Diner, das ich bestellt!

Symon.

Jammermensch! Wie kannst Du's wagen
Solchen Quark zu bieten hier?!
Nur das Beste aufgetragen!
Nichts ist heut' zu teuer mir,
Nichts! Nichts!

Fort! Fort damit! Hinweg! Hinaus!
Meinen Auftrag führe aus!
Das Diner muß superfein,
Solchen Tages würdig sein!
Zeig' uns, was Dein Haus enthält,
Wie die Keller sind bestellt!

Ollendorf.

Und das alles für mein Geld

Die Offiziere.

Element, das kostet Geld!

Symon.

Ich der Ihre.
Heut' traktiere
Ich mit Wonne eine Welt!
(zu Jan) Invitiere,
Arrangiere
Alles, wie es Dir gefällt!

Ollendorf.

Aber alles für mein Geld!

Jan.

Laßt den Wein in Strömen fließen!
Alle sollen froh genießen
Und sich ihres Glückes freu'n!
Weil's dem Fürsten so gefällt,
Sollen alle lustig sein!

Ollendorf.

Aber alle für mein Geld!

Die Offiziere.

Element, das kostet Geld!

Symon.

Die ganze Messe lad' ich zum Mahle,
Ich bezahle! Ich bezahle!
Freunde, schonet nicht das Geld,
Ich bezahle, was bestellt!

Ollendorf.

Alles nur mit meinem Geld!

Symon.

Ha, nichts ist zu kostbar, nichts zu schön!
Ich will mein Bräutchen heiter seh'n,
:,: Will beglücken alle Welt! :,:
Ach, vielleicht wird über Nacht
All' der Pracht ein End' gemacht!

Offiziere.

Die Geschichte kostet Geld!

Laura.

Welch ein edler Kavalier!
Wie seine Großmut mir gefällt!

Ollendorf.

Das kostet schweres Geld!

Alle.

:,: Ein Hoch dem jungen Paar! :,:

Symon.

Wie Tränenperlen
Diese Augen hold verklären!
Ob sie das Glück gebar,
Laß', Teure mich jetzt hören!

Laura.

Ein vaterländisch' Lied
Soll Dich die Deutung lehren!

Alle.

So ist es recht! Laßt hören!
Ein vaterländisch' Lied laßt hören!

Symon.

Höchste Lust und tiefstes Leid —
Die Träne macht Euch ähnlich beid'!
    Der Schmerz, das Glück,
    Sie strahlt's zurück
    So hell und rein
    Im Widerschein;
    So kann Freude
    Gleich dem Leide,
    Lust und Pein
    Sich ähnlich sein!

Laura.

Doch wenn's im Lied hinaus dann klinget:
     La, la, la, — la!
Wenn jubelnd sich zum Himmel schwinget
     La, la, la, — la!
Macht schnell die Weise offenbar,
Daß sel'ges Glück sie nur gebar,
In andern Tönen klagt wohl Leid
Diese atmen Lust und Freud'!
Wenn im ros'gen Schimmer Morgenboten strahlen,
Wenn nach düst'rer Nacht der junge Tag erglüht,
In bunter Farbenpracht sich Tal und Höhen malen,
Schwingt zum Aether sich der Lerche Jubellied;
Das klaget nimmermehr von Leid und Traurigkeit,
Es kündet nichts als Lust und Freud' und wahre
                     Seligkeit!

Ja wenn im Lied hinaus es klinget
     La, la, la,
Wenn jubelnd sich's zum Himmel schwinget,
     La, la, la,
Macht schnell die Weise offenbar,
Daß sel'ges Glück sie nur gebar.
In andern Tönen klaget Leid, —
Diese atmen Lust und Freud'!
    Laßt die Lieder klingen,
    Kunde bringen;
    Laßt sie verraten laut
    Daß glücklich hier die Braut!
Ah! —
      Jeder Ton
      Spricht davon,
      Jeder Laut
      Sagt's vertraut!
Hell dann, wie Glockenklang
Schallet der Jubelsang,
Wenn im Lied hinaus es klinget
     La, la, la,
Wenn jubelnd sich's zum Himmel schwinget
     La, la, la,
Wird durch die Weise offenbar,
Das sel'ges Glück sie nur gebar.

In andern Tönen klaget Leid, —
Diese atmen Luft und Freud'!

Chor.

Laßt froh hinaus das Lied nun klingen,
Tralala! usw.

Jan.

Hört doch, was soll das sein?

Bogumil.

'S ist meine neu organisierte Städtkapelle,
Die ich hierher hab' kommandiert,
Damit zur Messe sie zum ersten Mal sich
                                        produziert!

Marsch.

Chor.

Bei solchem Feste
Tun wir das Beste
Mit Trommel und Trompetenschall,
Das ist willkommen überall!
Zwar Dilettanten,
Nicht Musikanten,
Sind wir nicht schlechter doch wie die;
Das macht, man gibt sich Müh'!

Bogumil.

Ich schlag' in die große Trommel fest hinein,
Sonst würde aus Rand und Band gleich alles sein!
Effektvoll ist dies Instrument
Und macht Skandal! Potz Himmelsapperment!

Alle.

Nur zu, nur immer fest hinein,
Das muß sein!
Auch in weiter Fern'
Muß man's deutlich hör'n!
Auf's Piano sind wir nicht studiert!
Nur fest, nur forte musiziert!
Bei solchem Feste usw.

Ollendorf.

Für Euern Eifer sollt belohnt Ihr sein,
Sollt Euch mit allen hier der Freude weih'n!

Laura.

Freudenvoll das Herz mir schlägt,
Seh' rings ich alles lustbewegt,
Und wenn im Lied hinaus es klinget,
    La, la, la,
Wenn jubelnd sich's zum Himmel schwinget.

Alle.

  La, la, la.

Laura.

Macht schnell die Weise offenbar,
Daß sel'ges Glück sie nur gebar,
In andern Tönen klaget Leid, —
Diese atmen Lust und Freud'!

Chor.

Wenn im Lied hinaus es klinget,
  La, la, la, usw. usw.

Dann:

  Bei solchem Feste,
  Tun wir das Beste usw. usw.

Ende des ersten Aktes.

Zweiter Akt.

Nr. 8. Terzetto.

Laura, Palmatica, Bronislava.

Einen Mann $\frac{\text{hab' ich}}{\text{hat sie}}$ gefunden!
O welch' langersehntes Glück!
Alle Schatten sind entschwunden
Vor dem hellen Sonnenblick!
Da sich so der Wind gedreht,
Heißt es Toilette machen,
Wie's mit den vorhand'nen Sachen
In der Eile eben geht!

Bronislava.
Man muß sich sehen lassen!

Palmatica.
Es soll doch alles passen!

Laura.
Kaum kann ich mich noch fassen!
Ah!

Alle drei.
Einen Mann $\frac{\text{hab' ich}}{\text{hat sie}}$ gefunden,
O langersehntes Glück!
Alle Schatten sind verschwunden
Vor dem hellen Sonnenblick!

Bronislava.
Mit Blumen, selbstgepflückt,
Das Haar garniert geschickt,
Poet'sche Schwärmerei
Und kostet nichts dabei! —
Spiegel her — Onuphrie!
Sitzen sie? Sieh doch, sieh!

Palmatica, Laura, Onuphrie.

Onuphrie, komm zu mir! — Zaras!
Onuphrie, bleib' bei mir! — Zaras!
Onuphrie, hilf erst mir! — Zaras!

Palmatica, Laura, Bronislava.

Es wird schon geh'n,
Macht es auch Plag',
:,: Nichts ist zu schön
Für $\frac{\text{diesen}}{\text{solchen}}$ Tag! :,: Zaras!

Palmatica.

Dies stolze Seidenkleid,
Dient wohl schon ein'ge Zeit,
Doch leider wurd' es mir
Inzwischen zu enge hier! —
Mach es zu, Onuphrie,
Gib Dir Müh', —
Zieh' nur, zieh'!

Onuphrie.

Zaras! Zaras! Zaras!

Laura.

Mein Kleid ist nicht so alt,
Im Gegenteil ganz neu;
So neu, daß noch dabei
Die Nota unbezahlt.
Diese Schuh', Onuphrie,
Auf die Knie, knüpfe sie!

Onuphrie.

Zaras! Zaras!

Palmatica, Bronislava.

Onuphrie, komm zu mir!
Onuphrie, hilf auch mir!

Alle drei.

Es muß doch geh'n
Trotz aller Plag',
:,: Nichts ist zu schön
Für diesen Tag!

Palmatica.

Ja Kinder, folgt immer meinen weisen Lehren,
Dann werdet Ihr des wahren Glückes nie entbehren!
        Und wenn es je
        Trotzdem geschäh',
        Daß in der Eh'
        Etwas entsteh' — —

Laura. Schon gut, Mama,
      Ich weiß es ja;
      :,: Mach' Ihrer Lehr'
      Ganz sicher Ehr'! :,: — Ah!
      Die Eh' macht dann
      Erst Spaß der Frau,
      Gehorcht der Mann genau
      Auf jeden Wink,
      Und deshalb wird
      Er hübsch dressiert,
      Daß er pariert.
Zeigt man gleich anfangs Energie
    Und scheuet nicht die Müh',
Erreicht man bald das schönste Ziel,
    Gewonnen ist das Spiel!
Wenn man ihm in schwachen Stunden
Klug die Flügel hat gebunden,
    Ist er auch zu and'rer Zeit
    Nachzugeben gleich bereit.
Man beginnt mit süßem Schmeicheln,
Sanften Bitten, Demut heucheln:
„Liebes Männchen, sei so gut!"
Dann fehlt ihm zum „Nein" der Mut.
Doch will Widerspruch er wagen,
So beginnt man leis' zu klagen,
Nimmt dann Tränen noch hinzu
Und läßt ihm keine Stunde Ruh'!
Beugt er noch nicht seinen Willen,
Jammert man nicht mehr im Stillen,
Fängt zu schrei'n, zu toben an
Und zerschlägt das Porzellan!
Wirft den Spiegel dann in Trümmer
Fällt in Krämpfe, ruhet nimmer,
Bis die Ohnmacht kommt zuletzt!

Palmatica, Bronislava.

: So wird alles durchgesetzt! :

Laura.

Ah! Die Eh' macht dann
Erst Spaß der Frau,
Gehorcht der Mann genau
Auf jeden Wink,
Und deshalb wird
Er hübsch dressiert,
Daß er pariert!

Alle Drei.

Die Eh' macht dann
Erst Spaß der Frau usw. usw.

Dann:

Damit er ja nicht dominiert,
Nicht kommandiert,
Nicht räsonniert
Und wahrhaft glücklich wird!

Nr. 9. Duett.

Jan.

Durch diesen Kuß
Sei unser Bund geweiht
Für alle Zeit,
Denen droben zum Verdruß!

Bronislava.

O schweigt — ich ging zu weit!

Jan.

Wie? Wär' Dir's leid?!
Still laß' uns noch verschweigen,
Was uns erfüllt mit Glück;
Kein Laut mag davon zeugen,
Verraten soll's kein Blick!

Bronislava.

Die Blumen werden's verraten,
Mit denen ich geschmückt;
Da du umarmt mich hieltest,
Hast du sie arg zerdrückt!

Jan.

Die Blumen dienten immer
Wo Lieb' Gewährung hofft;
Es trug ihr bunter Schimmer
Verschwieg'ne Botschaft oft!
Durch sie wird kein Verrat entsteh'n.

Bronislava.

Noch weiß ich kaum, wie's konnt' gescheh'n.

Jan.

Mit der Liebe Fessel binden
Lasse innig Dich an mich,
Daß sie fest — sollst Du empfinden
Doch nicht drücken darf sie Dich!
:,: Nur das Eine bitt' ich Dich:
Liebe mich! Liebe mich! :,:

Bronislava.

Schau' mir nicht in's Aug' so lange.
Schau' mich nicht so innig an;
Vor dem Zauber wird mir bange,
Dem ich nicht entzieh'n mich kann!
Nur das Eine fühle ich:
Lieben muß ich Dich!

Beide.

Halte fest in Sturmeswehen,
Wenn Gefahren uns bedräu'n!
Was auch mag entgegenstehen,
Ich will stark und mutig sein!
:,: Nur das Eine bitt' ich Dich:
Liebe mich! Liebe mich! :,:

Nr. 10. Duett.

Symon.

Soll ich reden? Darf ich schweigen?
Teuer ist jetzt guter Rat!
Ach, ich bin durch ihre Liebe
Halb beglückt, halb desparat.

Laura.

Welch' ein Seufzer bang und schwer!
Rede doch, was ist gescheh'n?

Symon.

Wenn sie nur so hübsch nicht wär',
Ach, dann würd' es leichter geh'n!

Symon.

Soll ich reden? Darf ich schweigen?
Teuer ist jetzt guter Rat!
Ach, ich bin durch ihre Liebe
Halb beglückt, halb besparat!

Laura.

Er hat etwas zu verschweigen,
Ja, das seh' ich in der Tat!
Doch ich will nicht Neugier zeigen,
Denn das wär' indelikat!

Symon.

Ich möchte etwas fragen Dich!

Laura.

Gern geb ich Antwort Dir, so sprich!
So sprich! So sprich!

Symon.

Ich setz' den Fall, —
Ich wär durchaus nicht hochgeboren,
Ich setz' den Fall,
Ich hätte Geld und Gut verloren,
Ich setz' den Fall, —
Daß meine Herkunft ordinär,
Ich setz' den Fall, —
Daß ich ein Vagabund nur wär!
Ich setz' den Fall, —
Daß von Millionen keine Spur,
Ich setz' den Fall, —
Daß Alles dieses Schwindel nur —-
Geliebte! Geliebte!
Könntest Du das je verzeih'n?!
Ich setz' den Fall!

Laura.

Was fällt Dir ein?
Ach! und wärst Du arm — träfe Dich Schmach,
Wahre, inn'ge Liebe, sie fraget nicht darnach!
Nicht lockt mich Reichtum, prunkender Schein,
Ich will Dein Herz nur allein!

Symon. Und doch, — es kam zuweilen vor,
Daß sich die Liebe dann verlor!

Laura.
Und wärst Du arm — träfe Dich Schmach —
Wahre inn'ge Liebe, sie fragt nicht darnach!
Nicht lockt mich Reichtum, prunkender Schein,
Nein, ich will nur Dein Herz allein!

Symon.
Welche süße Lust
Hebt meine Brust!
Innige Liebe bedeckt meine Schmach,
Nicht lockt dich Reichtum, prunkender Schein,
Ich will Dein Herz nur, dein Herz allein!

Laura.
Auch ich möcht' etwas fragen dich!

Symon.
Gern geb' ich Antwort dir, so sprich!
So sprich! so sprich!

Laura.
Ich setz' den Fall, —
Es kämen and're schöne Frauen,
Ich setz' den Fall, —
Du würdest gern nach ihnen schauen,
Ich setz' den Fall, —
Es lacht Dich eine zärtlich an,
Ich setz' den Fall, —
Wirst Du auch widerstehen dann?
Ich setz' den Fall, —
Daß meine Wangen einst verblüht,
Ich setz' den Fall, —
Daß einst die Zeit d'rauf Furchen zieht,
Geliebter! Geliebter!
Wirst Du treu mir dann noch sein?
Ich setz' den Fall!

Symon.
                    Was fällt Dir ein?
Dich nur lieb' ich so inniglich;
Dir will ich leben, für dich sterbe ich!
Treu schlägt dies Herz in meiner Brust,
Teile mit dir Schmerz und Lust!

Laura.

Nun denn, es kam zuweilen vor,
Daß sich die Liebe dann verlor!

Symon.

Nein, dich nur lieb' ich so inniglich! usw. usw.

Laura.

Wie bebt die Brust
Vor Liebeslust!
Dir will ich leben, für Dich sterbe ich!
Treu schlägt dies Herz in meiner Brust;
Mit Dir teil' ewig ich Schmerz und Lust!

Nr. 10a. Couplet.

Einlage.

Ging' eines Tages im Dattellande
Spazieren just am Gangesstrande
Und sah mit meinem Blick, dem hellen,
Ein Mädchen kämpfen mit den Wellen.
Ich spring ihr nach, denn ich als Schwimmer
Bin d'rin im Wasser, wie im Zimmer.
Da taucht empor, nah bei dem Mädl
Ein ries'ger Aligatorenschädl.
Ich — flinker als die Stromhyäne,
Hatt' schon im Arm die braune Schöne,
Schwang' dann mit ihr voll Jugendfeuer
Mich rittlings auf das Ungeheuer
Und zwing' es, uns an's Land zu tragen,
Zum Dank dafür hab' ich's erschlagen,
All' das ist nur Kinderei —
Glück und Mut braucht man dabei
Somit — basta — es genügt!
Und doch heißt's: man lügt!

2.

Hübsch an der Himalaya-Spitze,
Bei hundert sieben Graden Hitze,
Ich müde auf den Schnee mich streckte. —
Als ich ein Condornest entdeckte!
Ich wollte eben mich bequemen,
Die schönen Eier 'rauszunehmen,
Da stürzt auf mich vom Felsenhange

Sich plötzlich eine Riesenschlange,
Gleichzeitig kam im raschen Bogen
Das Condor-Ehepaar angeflogen.
Mir aber wurde garnicht bange,
Erwürg' mit einer Hand die Schlange
Und mit der andern die zwei Geier,
Dann fraß ich auf die schönen Eier!
All' das ist nur Kinderei usw. usw.

3.

Ich will mit meinem Mut nicht prahlen,
Doch auf der Jagd einst in Bengalen
Ein Heldenstückchen ich vollbrachte,
Das in ganz Asien Aufseh'n machte!
Bin durch die Dschungeln just geritten,
Harmlos in zweier Nabobs Mitten;
Da schrei'n die beiden plötzlich: Hilfe!
Zwei Tiger sprangen aus dem Schilfe.
Die packten ohne lang zu fragen
Die Nabobs links und rechts beim Kragen,
Ich seh' die Bestien fest sich krallen,
Laß zwei Pistolenschüsse knallen, —
Die Tiger sind in Blut gebettet,
Die beiden Nabobe gerettet!
All' das ist nur Kinderei usw. usw.

4.

Konstantinopels schönste Frauen
Nur unverschleiert anzuschauen,
Schlich ich, von je ein Todverächter,
Mich ins Serail, trotz aller Wächter,
Der schönsten Odaliske eben
Macht' ich den Hof auf Tod und Leben,
Da stürzten unter wilden Fluchen
Gezückten Dolchs — fünf, sechs Eunuchen
Auf mich gleich los! Ich guter Dinge,
Zieh' meine Damascener Klinge —
Schwabbs flogen links und rechts die Köpfe
Des halben Dutzends armer Tröpfe, —
Und mir gelangs bei offnen Türen
Die Perle Stambuls zu entführen.
All' das ist nur Kinderei usw. usw.

5.

Bin in Paris vor 15 Jahren
Mit einem in die Luft gefahren!
Wir kamen schon hübsch in die Höhe
In einer Wetterwolke Nähe,
Da roch's nach Schwefel ungeheuer —
Ein Blitz flammt — der Ballon fing Feuer
„Nous sommes perdu, wir sind verloren!“
Schreit der Franzos' mir in die Ohren.
„Noch nicht!“ schrie ich und klimm in Eil•
Empor am dünnen Gondelseile:
Die Stelle hatt' ich bald ergründet,
Wo durch den Blitz sich's Gas entzündet;
Ein Heftpflaster auf's Loch ich pickte, —
Die Flamme — Gott sei Dank — erstickte.
All' das ist nur Kinderei usw. usw.

Nr. 11. **Ensemble.**

Pagen und Damen.

Glückliche Braut, Dir strahlet hell das Leben,
Schon naht der Mann, dem liebend Du ergeben,
Bald ist das Band
Geknüpft von Priesters Hand;
    Bald steht das Paar
    Vorm heil'gen Altar!
Glückliche Braut, Dir strahlt ein neues Leben,
Hier naht der Mann, dem liebend Du ergeben,
    Seht uns bereit
    Zu geben Euch Geleit'!
    Nun wird geweiht
    Der Bund für alle Zeit!

Symon.

    Was wird gescheh'n?
    Wie wird das geh'n?
Kaum trau' ich mich sie anzuseh'n!

Ollendorf.

Befällt dich Angst so nah am Ziel?

Symon.

Das nicht, — doch wird mir etwas schwül!
Sie nickt mir zu! Hat sie gelesen,
Wer, was und wo ich einst gewesen?

Ollendorf.

Gewiß!

Palmatica.

Herr Schwiegersohn

Jan.

Nur Mut!

Symon.

Jetzt geht es schief!
Ein Wort! Las Laura meinen Brief?

Palmatica.

Natürlich!

Symon.

Dann ist Alles gut!
Geliebte, kannst Du mir verzeih'n?!

Laura.

Was hätt' ich wohl Dir zu verzeih'n?!
Ich will Dein Herz nur, Dein Herz nur allein!

Symon.

O, wie mich Deine treue Liebe glücklich macht!

Ollendorf und die Offiziere.

Ihr habt die Rechnung ohne uns gemacht!

Was $\dfrac{\text{ich}}{\text{er}}$ ersann,

Gar bald ist's getan!
Es reift unser Racheplan!
Er wird ihr Mann,
Blamiert ist sie dann,
Und wahrlich sehr übel d'ran!

Ollendorf.

Jagt sie dann hinaus den Mann,
Biet' ich mich als Tröster an!

Symon.

Wohlan!

Alle.

Glückliche Braut, Dir strahlt ein neues Leben.
usw. usw.

Nr. 12. **Finale II.**

Chor.

Klinget, Feierglocken! Klinget,
Hallend in die Ferne bringet;
Und die Freudenkunde bringet
Daß vereint sie am Altar!
Laßt in uns're Jubelsänge
Mischen sich die Feierklänge,
Freudenrufe, Festgepränge,
Gebt Geleit dem edlen Paar!

Ollendorf.

Sie sind vereint, es ist gescheh'n,
Bald wird der Spaß zu Ende geh'n,
Seht nur auf mich
Und macht's wie ich —
Das Weit're findet sich!
Still, da sind sie schon
Zur Gratulation!

Die Offiziere.

Zur Gratulation!

Ollendorf und Offiziere.

Wir gratulieren dem holden Paar.

Symon.

Ihr seid gütig!

Ollendorf und Offiziere.

Wir bringen freudig den Glückwunsch dar.

Symon.

Ich bitte sehr!

Ollendorf und Offiziere.

Das Glück soll dauern bis 100 Jahr'
Und noch drüber, unwandelbar.

Symon.

Ich bin nun glücklich, Nichts fürcht' ich mehr.

Ollendorf und Offiziere.

Über Euch lache der Himmel klar,
Über Euch wache der Engel Schar,
Wende vom Haupte jede Gefahr! —
Wir meinen's ehrlich, aufrichtig, wahr!
:,: Vivat Hoch das Paar :,:
Auf immerdar.

Chor (repetiert).

Ollendorf.

Der Pole trinkt galant
Champagner aus seiner Dame Schuh!
Weil's Sitte hier zu Land
Trink' aus dem Schuh der Braut ich Euch zu!
Und wer diesen Schuh
Zum Munde führt,
Eine Strophe dazu
Improvisiert!

Alle.

Wohlan! Wohlan!
Der Rundgesang fängt an!

Alle.

:,: Trinkt uns zu :,:
Aus der Schönen kleinem Schuh!
Glu — glu — glu — glu — glu — glu —
Und berauscht bist Du im Nu!

1.

Ollendorf.

Wo ist der Pokal,
Er sei von Kristall,
Von Silber, von Gold,
Wie dieser so hold!
Das Füßchen ist fein —
Der Schuh dazu klein,
Nicht viel geht hinein,
Drum schenkt öfter mir ein!

Alle.

:,: Trink' uns zu :,:
Aus der Schönen kleinem Schuh,
Glu — glu — glu — glu — glu — glu —
Und berauscht bist Du im Nu!

2

Jan.

Es hat den Pokal
Für dies Bachanal
Ein Schuster gemacht,
Wer hätt das gedacht?

Doch nahm er das Maß
Zum Füßchen allein
Und leider vergaß
Er das Maß für den Wein!

Alle.

:,: Trink' uns zu :,: usw. usw.

3.

Symon.

Wär' drinnen statt Wein
Nur Wasser ganz rein —
Berauscht würd' ich sein
Vom Schuh nur allein!
O, Zaubergenuß,
Mir ist jetzt, als muß
Ich drücken den Kuß
Auf den reizenden Fuß!

Alle.

:,: Trink' uns zu :,: usw. usw.

4.

Richthofen.

Von Schuhen fürwahr
Gab's immer ein Paar —
Soll dieser allein
Hier ledig nur sein?
Ei sagt mir, warum
Geht einer nur um?
So schafft mir herbei
Denn doch wenigstens zwei!

Alle.

:,: Trink' uns zu :,: usw. usw.

Damen und Herren.

Wohl ist hier zu Land
Die Sitte bekannt!
Man füllet galant
Den Schuh bis zum Rand
Chacun à son goût
Und raubt auch die Ruh'
Ein Schluck aus dem Schuh,
Glu — glu — glu immer zu!

Alle.

:,: Trink' uns zu. :,:

Piffke, Puffke, Enterich, Gefangene.

Heidahi, Heidaha,
Sind wir auch nicht invitiert,
Heidahi — Heidaha
Das hat uns noch nie geniert,
Tralala — lalala!

Laura.

Was gibt's? Was soll das Singen?

Palmatica.

Man sehe, wer ist da?

Ollendorf.

Nur ganz spezielle Freunde
Des Bräutigams sind da!

Alle.

Was ist das? Was geschah?

Enterich. Piffke. Puffke. Gefangene.

Heidahi! Heidaha!
Sind wir auch nicht invitiert,
usw. usw.

Enterich.

Entschuld'gen Sie
        Ich bin der Redner —
Verzeihen Sie —
        D'rum rede ich!
Die Herren sind
        Lauter Vagabunden
Und ich — —
        Ich heiße „Enterich"! —
Für den Kollegen,
        Der nu äben
Sein Glück gemacht,
        Ganz schauderhaft,
Soll dies Bouquet
        Ich übergäben
Im Namen der
        Genossenschaft!

Piffke, Puffke, Gefangene.
Heidahi — Heidaha.
Sind wir auch nicht invitiert,
Heidahi — Heidaha.
Das hat uns noch nie geniert!
Wir nehmen das nicht so genau
Randibau — Randibau!

Symon.
Was soll ich jetzt beginnen?

Palmatica, Bronislava, Bogumil.
Eva. Gesellschaft.
Ja, sind sie denn bei Sinnen?

Laura.
Wem gilt der Aufzug? Sagt mir wem?

Enterich.
Ei nun — wem andersch denn als dem?
Symon ist's, der Bettelstudent,
Der Vagabund, den Jeder kennt!

Gefangene.
Symon ist's, der Bettelstudent,
Der Vagabund, den Jeder kennt!

Jan. Ollendorf. Offiziere.
Vor Zorn und Scham die Wange ihm brennt.

Chor.
Die Sache nimmt ein böses End'!

Ollendorf.
Vergönnt mir nur ein Wort,
Der Wahrheit gebe ich die Ehr',
Obwohl mit großem Schmerz,
Daß dieser Fürst Wibicki,
War nur ein kleiner Scherz!

Die Offiziere.
War nur ein kleiner Scherz!

Ollendorf.
Die schönen Kleider sind geborgt,
Das Geld von mir besorgt,
Damit er — also ausstaffiert
Bei Damen reüssiert!

Die Offiziere.
Bei Damen reüssiert!

Laura.

Wie? Hab' ich recht gehört?

Alle.

Die Schmach ist unerhört!

Laura.

Den Ohren trau ich kaum!

Alle.

Ist's Wirklichkeit? Ist's Traum?

Symon.

Und der Brief, den ich geschrieben?

Ollendorf.

Der ist unbestellt geblieben!

Laura.

O pfui! O pfui!
Ganz unerhört ist der Skandal :,:

Ollendorf.

Hahaha!
:,: Wir steh'n gerächt nun da! :,:
Zum allgemeinen Gaudium
Hab' ich dies arrangiert!
Warum! —·— —·—
Ach! ich hab' sie doch nur
Auf die Schulter geküßt!
Und der Schlag mit dem Fächer
Vergolten nun ist!

Alle.

Ach, er hat sie doch nur
usw. usw.
Rasch ging die Freude zu End' —
Nur ein Bettelstudent!!
Das ist impertinent!
Welch' unerhörter Skandal,
Er bleibt nun ihr Gemahl,
Die Schmach ist kolossal :,:
Ach, er hat sie ja doch nur
usw. usw.

Altus.

Dritter Akt.

Introduktion.

Chor (hinter der Szene).

Ach, er hat sie ja nur
Auf die Schulter geküßt,
Doch der Schlag ins Gesicht —
Er ist schwer nun gebüßt;
Hahaha — hahaha!

(Auf der Bühne.)

Lumpen, Bagage,
Bettelstudent;
Solche Blamage
Ist Euch vergönnt!
Ach, diese Damen
Taten so dick;
Mit noblem Namen,
Mit hohem Glück! —
Doch, wie die Sachen
Hier eben steh'n,
Muß man mit Lachen
Nach Hause geh'n!
Hahaha! Ach, er hat sie ja nur usw.
Lumpen, Bagage,
Bettelstudent!
Solche Blamage
Ist Euch vergönnt!

Bronislava.

I.

Fort sind sie Alle,
Leer ist das Haus;
Und unser Hoffen —
Floh' mit hinaus!

Das ist ein Spötteln und Sichfreu'n!
O pfui! Ihr wollt Freunde sein?
Ist das erhört? Ist das gerecht? Nein!! —
Miserabel ist's und schlecht! —

II.

Sind Vagabunden
Beide nunmehr?
Trifft auch die Schande —
Den Sekretär? —
Mir scheint, er folgte seinem Herrn;
Doch ach! Ich hatt' ihn viel zu gern,
Als daß an ihm ich zweifeln möcht'!
                    Nein!
Denn ich fühl's — Der ist nicht schlecht! —

Nr. 13a. Couplet.

Einlage.

I.

Symon.

Ich hab' kein Geld, bin vogelfrei,
Will aber nicht verzagen!
Du Jugendleichtsinn, steh' mir bei,
Mein Schicksal zu ertragen!
Wenn ich schon Trübsal blasen soll
Tu' ich's in bester Laune —
Auf der Trompete blas' ich toll, —
Just nicht auf der Posaune,
Trotz allem Pech ein lustig' Lied!
        So, Schicksal, hau' nur zu!
Wir wollen sehn wer früher müd',
        Ich oder du!

II.

Hurrah! Der Leichtsinn lebe hoch!
Trotz sorgenschwerem Herzen
Lehrt uns der tolle Bursche noch
Mit unserm Unglück scherzen!
Kein Obdach! — kein Kredit! — kein Geld!
Es ist zum Teufel holen!

Ah bah! Der Freund sagt: „Sei ein Held!"
So retten wir halt Polen!
Trotz allem Pech ein lustig' Lied,
usw. usw.

Nr. 14. Duett.

Jan.

Steh' zu uns, o wanke nicht,
Polen's Heil ruft Dich zur Pflicht!
Sollst Du fallen
In der Schlacht,
Wird vor allen
Dein gedacht!
Steh' zu uns, o wanke nicht,
Polen's Heil ruft Dich zur Pflicht!
Bringe dar mit freudigem Mut
Dein Gut und Blut!

Symon.

Hurrah! Ein Wort zur rechten Zeit,
Das neues Leben gibt!
Den frischen Kampf, den kühnen Streit
Hab' ich von je geliebt!
Mein Leben will riskieren
Ich gern mit frohem Mut,
Und soll't ich es verlieren —
Nun dann — auch gut!

Jan.

Steh' zu uns — o wanke nicht!
Polen's Heil ruft Dich zur Pflicht!
usw. usw.

Symon.

Nehmt mich hin, schont mich nicht!
Polen's Heil sei meine Pflicht.
Soll ich fallen
In der Schlacht
Wird vor allen
Mein gedacht!

Symon.

Und wenn's geglückt,
Das Ziel erreicht —
Dankt mir ihr Blick
Die Tat vielleicht!
Und sollt mir Menschliches gescheh'n,
Der Mühe wert doch scheint,
Daß außer meinen Gläubigern
Noch jemand um mich weint!
Ah!

Jan.

Nun weih' die Hand
Dem Vaterland;
Ein kühnes Spiel
Führt uns zum Ziel.
Du bist ein Mann
Ich werb' Dich an;
Bist nun Soldat,
Mein Kamerad!

Symon.

Ich reich' die Hand
Dem Vaterland;
Ein kühnes Spiel
Führt uns zum Ziel!
Ich bin ein Mann,
Der fechten kann;
Bin nun Soldat,
Dein Kamerad!

Beide.

Für das Vaterland
Setz' $\frac{\text{ich mein}}{\text{kühn Dein}}$ Leben ein;
$\frac{\text{Müßte ich's}}{\text{Müßtest Du's}}$ opfern,
Wird es wohl umsonst nicht sein,
Und sollte Tod und Untergang uns dräu'n,
Je nun — je nun —
Gefaßt heißt es sein. —

Symon.

Ja, auch sie wird mein gedenken,
Wenn ich fiel fürs Vaterland —

Wird mir eine Träne schenken,
Die dann auslöscht Schmach und Schand.
Leider zähl' ich keine Ahnen
Und kein edler Nam' mich schmückt,
Auch die Sorg' um meine Schätze
Hat mich wenig noch gedrückt.
Doch schlägt voll Lust
Ein Herz mir in der Brust!

Beide.

Und glänzend strahlend bricht der Humor
Dann siegreich hervor!
Wie lichter Sonne Strahl tritt hervor
Der Götterhumor!
D'rum einerlei,
:,: Wie immer es sei :,:
Bleibt nur Humor mir treu,
So bin ich stets dabei!

Jan.

Ich hab' Dein Wort,
Du bleibest treu —
An welchem Ort
Es immer sei!

Beide.

$\frac{\text{Ich}}{\text{Nun}}$ reich' die Hand
Dem Vaterland usw. usw.

Bis:

Gefaßt heißt es sein!
So wird doch nützlich noch am End'
Der arme Bettelstudent!

Nr. 15. Ensemble.

Ollendorf.

Still! Man kommt!

Palmatica.

Dort steht der Patron!

Symon (für sich).

Ah, da kommen sie schon!

Palmatica.

'S ist am besten, ihm durch Schweigen
Die Verachtung zu bezeigen;
Dieser Schwindler — dieser Wicht —!

Symon.

O, Bagage! . . .

Jan.

Rühr' Dich nicht!

Ollendorf.

Momentan muß man noch schweigen,
Doch die Ehrfurcht zu bezeigen, —
Dem Herrn Herzog — heischt die Pflicht! —

Symon.

:,: Welch' ein Unsinn!

Jan.

Rühr' Dich nicht! :,:

Alle.

(Jeder für sich.)

Noch kann ich kaum verstehen
Was erst heute ich erfahren hab'!

Ollendorf, die Offiziere.

Was ich erfahren hab'!

Symon.

Doch wird man bald ja sehen,
:,: Warten wir's ab. — :,:

Palmatica.	Schwindler!
Bogumil.	Heuchler!
Beide.	⎱ Wart' nur, du Bösewicht!
Ollendorf.	⎰ O, was machen Sie?
Palmatica.	Spitzbub'!
Bogumil.	Räuber!
Beide.	⎱ Du entgehst der Strafe nicht!
Ollendorf.	⎰ Ach, jetzt gibt's Malheur!
Palmatica.	Einschleicher!
Ollendorf.	Gräßlich!
Bogumil.	Falschmelder!
Ollendorf.	Schrecklich.
Beide.	⎱ Wart' nur Hallunke, Betrüger!
Ollendorf.	⎰ Sie beleid'gen ihn schwer!

4

Palmatica.	Tagdieb! Lump!
Ollendorf.	Genug! Nicht weiter mehr!
Palmatica.	Gauner!
Symon.	Madam'?!
Bogumil.	Verführer!
Symon.	Mein Herr!
Palmatica.	Für die Galeere reif!
Symon.	Das ist stark!
Ollendorf.	Ich bin ganz empört!
Palmatica.	Zuchthaus!
Symon.	Oho!
Palmatica.	Den Galgen!
Symon.	Geduld!
Palmatica, Bogumil.	Verdient solch' ein Unterschleif
Symon.	Bald wird mir's zu arg!
Ollendorf.	Unerhört!
Palmatica.	Hochstapler!
Symon.	Zu viel — ist das!
Bogumil.	Wart' nur —

Palmatica, Bogumil.

Für diese Prellerei
Faßt dich noch die Polizei!

Symon.

Endet die Schimpferei!
Wer bleibt gelassen dabei?

Ollendorf.

Still mit dem Geschrei!
Endet die Schimpferei!

Symon.

Das halt' ich nicht aus!
Nein, das dulde ich nicht.
Denn über dem Spaß
Geht mir jetzt die Geschicht'!
Nein! nein! nein! —

Ollendorf
(entschlossen, nachdem er auf die Uhr gesehen).

Die halbe Stunde ist vorbei
Und ich erklär' jetzt laut und frei:

(auf Symon deutend)

Herr Herzog Adam Casimir
Steht als Gefang'ner hier!

Symon.

Wie? gilt das mir?

Palmatica, Eva, Bogumil
(erstaunt).

Wie? Dieser hier?

Ollendorf.

Herr Herzog — Sie verzeihn,
Doch muß es sein?

Symon.

Was fällt ihm ein!

Alle.

Herzog Adam, Herzog Adam,

Herzog Adam $\left\{ \begin{matrix} \text{soll der} \\ \text{soll ich} \\ \text{muß es} \end{matrix} \right\}$ sein! . . . . .

Wie? — Was?! —

Palmatica.	Hoheit!
Bogumil.	Gönner!
Beide.	⎱ Können Sie uns verzeih'n?
Ollendorf.	⎰ Nun heißt's höflich sein.
Palmatica.	Schwiegersohn.
Ollendorf.	Bravo!
Bogumil.	Herzog
Ollendorf.	Bravo:
Beide.	⎱ O sagen Sie nicht „nein!"
Ollendorf.	⎰ Nur recht artig sein!
Palmatica.	Teurer!
Ollendorf.	Herrlich!
Bogumil.	Edler!
Ollendorf.	Prächtig!
Beide.	⎱ Wie wir uns herzlich freu'n!
Ollendorf.	⎰ Wie sie herzlich sich freu'n!
Palmatica.	Schönster!
Bogumil.	Bester!
Palmatica.	Freund!
Ollendorf.	Diese Herzlichkeit.

4*

Palmatica.	Nobler!
Symon.	Schon gut!
Bogumil.	Charakter.
Symon.	Schon gut!
Beide.	⎫ Wir waren unbedacht!
Symon.	⎬ Laßt es sein!
Ollendorf.	⎭ Laßt es gut sein!
Palmatica.	Schätzbarster!
Symon.	Genug!
Bogumil.	Verehrter.
Symon.	Hört auf!
Beide.	Das haben wir gleich gedacht!
Symon.	Das ist so der Lauf!
Ollendorf.	Rührend ist's!
Palmatica.	Feldherr.
Symon.	Das kennt man schon.
Bogumil.	Sieger.

Beide.

Hoch Adam Casimir!
Aufrichtig huld'gen wir Dir!

Symon.

Ja, das ist die Manier,
So machen alle es hier!

Ollendorf.

Oh — auf die Manier
Macht man es immer hier.

Palmatica.

Hab' ich's doch geahnt schon lange
Eva — und nun ist's gewiß! — —

Symon (lachend).

Adam — Eva — und die Schlange
Fertig ist das Paradies! —

Ollendorf.

Aus den wichtigen Papieren,
Die ich jetzt fand beim Visitieren,
Der Beweis ganz deutlich spricht.

Symon.

Ich muß bitten,

Jan.

Leugne nicht!

Symon.

Da Sie's ohnehin schon wissen —
So werd' ich zugestehen müssen,
Daß ich Herzog Adam bin!

Palmatica.

Dann ist Laura — — — Herzogin!

Ollendorf.

Allerdings! Doch tut's mir leid
Daß sie's nur auf kurze Zeit!

Palmatica. Eva. Bogumil.

Wie? . . .

Symon.

Was sagten Sie soeben?

Ollendorf.

Polen's Heil erheischt sein Leben!

Jan.

Polen's Heil erheischt Dein Leben!
Und im Notfall wirst Du's geben!

Ollendorf.

Es wird mit größter Courtoisie
Der Kopf ihm abgeschnitten!! —

Symon.

Wie? Meinen Kopf verlangen Sie?

Ollendorf.

Ich möchte darum bitten!! —

Symon.

Ah! da mach' ich schnell mich fort!

Ollendorf.

Halt! Nicht weiter!

Jan.

— Und Dein Wort?

Symon.

Nun — da mein Wort ich gab —
Warten wir's ab, warten wir's ab!

Alle.

Noch kann ich kaum verstehen,
Was ich erfahren hab' —
Doch wird man bald ja sehen —
Warten wir's ab! Warten wir's ab! —

Jan. Symon.

Noch kann ich kaum verstehen,
Was sich mit $\frac{mir}{ihm}$ begab;
Doch wird man bald ja sehen —
Warten wir's ab — warten wir's ab! . . .

Symon.

So nehmen sie mich hin —
Ist's um den Kopf auch schade!

Ollendorf.

Führt in den Kerker ihn!

Laura.

Was hör' ich? . ! Haltet! . . . Gnade!
Gnade für ihn!

Offiziere.

Was höre ich?!

Symon, Jan (freudig).

Sie fleht für $\frac{mich!}{Dich!}$ — —

Laura.

Ihn nur lieb' ich so inniglich,
Ihm will ich leben, für ihn sterbe ich!
Treu schlägt dies Herz in meiner Brust,
Ich will teilen Qual und Lust!
Ich hab' ihm verzich'n,
D'rum Gnade für ihn!

Palmatica.

Mein Kind — Du weißt noch nicht!

Symon.

Sie weiß noch nicht! —

Die Übrigen.

Sie weiß noch nicht! —

Laura.

Und was ihm auch droht —
Ich teile die Not!

Palmatica.

Mein Kind — Du weißt noch nicht —

Symon.

Sie weiß noch nicht! —

Die Übrigen.

Sie weiß noch nicht! —

Laura.

Und — muß es denn sein!
Sperrt mich mit ihm ein!

Palmatica.

Mein Kind, das geht ja nicht!

Laura.

Warum denn nicht?

Ollendorf.

Das geht ja nicht!

Die Übrigen.

Das geht ja nicht!

Palmatica.

Mein Kind, der Irrtum ist fatal!
Ein Herzog wurde Dein Gemahl,
D'rum laß ihn Dir nicht rauben!

Laura.

Ein Herzog? . . . Soll ich's glauben?

Alle.

'S ist der Herzog Adam Casimir!

Symon.

Jetzt sag' ich weder „Ja" noch „Nein"! —

Laura.

Vergönnt ein Wort mit ihm allein! —

Ollendorf.

Es sei!
Zieht alle Euch zurück!
Besetzt die Pforten!

Laura, Symon, Jan, Bronislava.

Welch' Geschick!

Alle.

Noch kann ich nicht versteh'n,
Was ich erfahren hab'; —

Doch wird man bald ja sehen —
Warten wir's ab! — warten wir's ab! — —

Ollendorf und Offiziere.
Warten wir's ab! — Warten wir's ab!! — —

Palmatica, Eva, Bogumil.
Warten wir's ab — warten wir's ab. —

Bronislava, Jan.
Warten wir's ab! — warten wir's ab. —

Laura, Symon.
Warten wir's ab! — Warten wir's ab! — —

Nr. 16. Schlußgesang.

Symon.
Befreit das Land,
Geknüpft das Band!
Ein kühnes Spiel
Bracht' uns ans Ziel;
Der Liebe Macht
Hat es vollbracht,
Daß uns're List
Gelungen ist!

Laura, Bronislava, Symon, Jan.
Befreit das Land,
usw. usw.

Was von Feinden gegen $\frac{uns}{sie}$ ersonnen war,
Führte grad' zum Ruhm, zum Siege wunderbar.
Eben noch ringsum bedroht von Gefahr, —
Stehn $\frac{wir}{sie}$ vereint für immerdar!

Ende.